AF460583

L. DUPLAIS

OLIVIER BASSELIN

Mes chansons, c'est moi.
BÉRANGER.

PARIS

EN VENTE : CHEZ L'AUTEUR

6, PASSAGE DE L'INDUSTRIE

(Boulevard de Strasbourg)

1887

MENTION HONORABLE

au Concours de la

SOCIÉTÉ LITTÉRAIRE ET ARTISTIQUE « *La Pomme* »

1886

A Monsieur LOUIS DUPLAIS

Au jour de sa fête,
Bonhomme Basselin,
Calmait la tempête
Par un verre de vin.

BASSELIN

Ce fut vers le milieu du XVe siècle que naquit, dans la capitale du Bocage normand (1), le poète chansonnier Olivier Basselin.

A l'exception des années qu'il consacra à la navigation et à la guerre, il n'abandonna jamais le gracieux vallon de Vire, si bien fait pour inspirer sa féconde imagination. Doué d'une franche gaieté, d'un esprit vif et piquant, Basselin fut le père des chansons érotiques et bachiques. A son époque n'existaient que quelques pièces ou fabliaux n'ayant jamais que deux sujets : la religion ou l'amour. Il précéda de beaucoup l'ère de la renaissance des lettres ; à part son pays natal, où il acquit une véritable célébrité, Olivier Basselin fut longtemps ignoré en France.

Sans être un érudit, il possédait la connaissance du grec et du latin, comme l'attestent plusieurs de

---

(1) Vire.

ses poésies, mais vivant dans un endroit où les communications étaient très difficiles, n'ayant aucune correspondance avec les hommes célèbres de son temps, il resta inconnu hors la sphère dans laquelle il avait vécu.

Quand Charles VII reprit la Normandie aux Anglais, notre chansonnier combattit à la bataille de Firmigny. Dès sa plus tendre enfance, il montra une haine profonde pour la nation à laquelle il devrait un jour tous les malheurs de son existence.... D'une famille aisée, Olivier possédait et faisait valoir lui-même un moulin à fouler les draps; aussi bon ouvrier qu'habile pilote, travailleur infatigable, il fut toujours gai, toujours content, jusqu'au moment où les Anglais firent le siège de Vire. Sa fabrique détruite par l'ennemi devint une ruine fumante, dont les restes ont conservé le nom de *Moulin-Basselin* (1) : ce fut ainsi qu'il perdit la plus grande partie de sa fortune et ce coup lui fut si terrible, qu'un poète contemporain s'écria :

. . . . Olivier Basselin,
Orrons plus de vos nouvelles,
Vous ont les Anglais mis fin.

---

(1) Situé sur le coteau des Cordeliers, tout près du Pont-de-Vaux.

En effet, sa raison s'altéra à un tel degré qu'il se livra à des excès qui obligèrent sa famille à le faire interdire, car il dépensait sans compter les dernières ressources de sa fortune, et ses affaires étaient dans un désordre complet qu'il a, du reste, peint lui-même dans le quatrain suivant :

Vin, tu me sembloy si bon,
Que m'as fait vendre mon clos
Pour payer tous mes écots
Et engager ma maison.

C'est également sur ce sujet qu'il fit dire à sa femme :

Pourveu qu'il ne vende rien
De son bien.

Et pendant le cours de l'instance, il chantait :

Bon sildre oste le soussy
D'ung procès qui me tempeste.

Parfois aussi le pauvre chansonnier se plaignait d'une voix navrante et résignée :

Hélas! que fait ung povre yvrogne?
Il se couche et n'occit personne,
Ou bien il dit propos joyeulx,

Il ne songe point en uzure,
Et ne fait à personne injure.
Beuveur d'eau peut-il faire mieulx?

Olivier ne connut jamais l'ambition de la renommée, ses chants servirent plutôt à épancher sa gaieté naturelle, sa verve intarissable, qu'à la culture des Muses.

Il n'aimait pas l'état militaire ; quant à l'amour, il ne tint aucune place dans son cœur ; du reste, il l'a dit :

A l'amour ne suys jamais adonné,
Et j'ame encore moins les armes.

Le *bonhomme* Olivier — c'est ainsi qu'on l'appelait familièrement — trouva la pauvreté aux portes du tombeau et ce fut la misère qui l'accompagna à sa dernière demeure !...

Moins heureux que Collé (1), les chansons du poète ne firent pas sa fortune, mais elles firent sa réputation.

La première édition de ses œuvres parut en 1576.

---

(1) Ce chansonnier obtint de la cour une pension de 600 fr. pour celle qu'il fit sur la prise de Port-Mahon, par Richelieu, le 20 juin 1756.

Elle fut publiée par les soins d'un de ses compatriotes, l'avocat Jean Le Houx, qui en fit paraître une seconde quelques années plus tard. Mais, les œuvres du chansonnier de Vire, tout en ne contenant rien de répréhensible contre la religion et la morale, n'en furent pas moins interdites par le clergé. A cette époque où le protestantisme voulait s'établir, tous les esprits étaient dirigés vers les discussions théologiques et réprouvaient tout ce qui était profane. Jean Le Houx fut poursuivi par de terribles menaces auxquelles il répondit par deux chants, dont voici un dernier couplet :

Quand un Vaudevire est chanté
A boire on ne contraint personne,
S'il n'a soif et nécessité.
Je suis d'avis que l'on ordonne
Pour ces gens qui trouvent l'eau bonne
Et veulent sur tout censurer,
Ayant chanté que pour boire on leur donne
De l'eau de peur de s'ennuyer.

Mais, loin d'être une justification pour leur auteur, ils ne firent qu'aigrir ses puissants ennemis, lui attirer leurs foudres au point d'être accusé de scandale et rejeté du sein de l'Église. Irrité de ces persécutions, Le Houx fit le voyage de Rome —

d'où lui vient le surnom de Romain — et n'obtint le pardon de sa faute qu'en faisant disparaître tous les exemplaires des Vaux-de-Vire (1). Il le fit avec regret et fut aidé dans l'accomplissement de sa promesse par l'imprimeur Jean de Cesne, qui, jaloux d'obtenir les bonnes grâces des missionnaires de Flers, détruisit avec une joie frénétique les derniers feuillets du livre.

Il ne restait donc plus rien de cette édition quand, en 1811, plusieurs habitants de Vire (2) souscrivirent pour faire réimprimer les chants d'Olivier. Ils s'adressèrent à tous les anciens du pays, recueillirent avec un zèle digne des plus grands éloges, les souvenirs conservés dans la mémoire des vieillards, eurent surtout la bonne chance de trouver le manuscrit du docteur Polinière, et munis de ces

---

(1) Vaux-de-Vire vient du nom de la résidence du chansonnier : Vaux, de vallon, et Vire, de la ville.

(2) Asselin, sous-préfet de Vire ; de Corday, de Cheux de Saint-Clair, des Rotours de Chaulieu, maire de la Graverie ; Dubourg d'Isigny, Flaust, maire de Saint-Sever ; Huillard d'Aignaux, premier adjoint de Vire ; Lanon de la Renaudière, maire de Tallevuide-le-Petit ; Le Normand, receveur principal des contributions indirectes de Vire (en 1793, comme administrateur du Calvados, M. Le Normand fit preuve d'un grand courage), et Robillard, conservateur des hypothèques de Vire.

précieux documents, ils firent revivre les Vaux-de-Vire, qui eurent une seconde édition, en 1821.

Enfin, MM. Julien Travers et Auguste Asselin publièrent à Avranches, en 1833, la cinquième et dernière édition des œuvres du chansonnier normand, auxquelles ils joignirent les chansons de Jean Le Houx.

L'historien le plus ancien qui parla de Basselin, fut le jurisconsulte Bourgueville, sieur de Bras, dans son livre intitulé : *Recherches et Antiquités de la province de Neustrie*, — 1588.

Hélas ! Olivier Basselin,
En la duché de Normandie,
Il y a si grande pillerie
Que voudrais y voir mettre fin.

Puis viennent Belleforest, André Duchêsne, La Croix du Maine, qui, en outre des Vaux-de-Vire, lui attribua : *Les Tables de la déclinaison, ou esloignement que fait le soleil de la ligne équinoctiale*, ouvrage publié également après sa mort et réuni à la fin des voyages de Jehan Alphonse, célèbre capitaine saintongeais.

Ménage, dans les *Origines de la langue française*, le *Parnasse des Muses* et le *Nouveau Dictionnaire poétique*, lui a consacré quelques articles. Le savant et judicieux Paulmy cita une de ses chansons dans ses *Mélanges tirés d'une grande bibliothèque*, et voici de quelle manière en parle Vauquelin de la Fresnaye dans son *Art poétique :*

Et les beaux Vaudevires, et mille chansons belles,
Mais les guerres, hélas ! les ont mises à fin,
Si les bons chevaliers d'Olivier Basselin
N'en font à l'avenir ouïr quelques nouvelles.

Un peu plus loin, il dit encore :

Chantant en nos festins, ainsi les Vaux-de-Vire
Qui sentent le bon temps, nous font encore rire.

Les Normands ont toujours aimé la chanson, ils égayaient leurs repas, dit Jehan ly Chapelain, par des chants d'amour :

Usaige est en Normandie
Que qui hébergiez est qu'il die
Fable ou chanson die à son oste.

Aussi accueillèrent-ils avec enthousiasme les Vaux-de-Vire, genre de poésies légères dont les airs faciles aidèrent à sa popularité. Ils allèrent jusqu'à en fredonner quelques refrains malicieux même dans les processions, pendant que le clergé reprenait haleine (1). Le nom de Basselin fut défiguré de plusieurs manières. Il fut appelé Bosselin par Du Verdier, Bachelin par Crétin et Bisselin dans la *Bibliothèque Française.*

Quant au mot *Vau-de-Vire*, il donna lieu à une erreur profonde, accréditée longtemps dans la littérature, c'est qu'Olivier fut l'auteur du *vaudeville.* C'est ainsi qu'il est chanté dans le *Val-de-Vire*, d'Amand Gouffé et de Georges Duval :

Le simple nom de Vaudevire
Ne convient plus à vos chansons ;
Puisqu'on les chante, on les admire
Bien loin de ces joyeux cantons.
Vos refrains heureux dans nos villes
Ont obtenu tant de succès
Qu'on a cru pouvoir, désormais,
Les appeler des *Vaudevilles.*

Ces vaudevires furent aussi appelés *Voix-de-Ville.* Chardavoine est l'inventeur de ce dernier mot, et on doit à Caillière celui de *Vaudeville.*

Le recueil des *Œuvres* de Basselin se compose de soixante-six pièces de mesures différentes et, quoi qu'en ait dit le Champenois Cossin, il rendit hom-

(1) Histoire littéraire de la France.

mage au jus de la pomme, comme à celui de la vigne, les couplets suivants l'attestent :

Le bon sildre en dit-on rien ?
Il vaut bien
Que quelque chose on en die :
Et certes, qui m'en croirait,
On n'aurait
Autre boire en Normandie.

Ta bonté, ô sildre beau !
De te boire me convie :
Mais pour le moins, je te prie,
Ne me trouble le cerveau ;
Coulle à val, et loge, loge,
Il faict grand bien à la gorge.

Il chanta l'un et l'autre pendant son procès avec Raoul Basselin, et voici comment :

C'est ici que je vueil cerchier
La pierre filozofale :
C'est ici que je vueil soufler
Mon fourneau, ce sera ma fale.

Mon soleil, c'est le vin sans eau ;
Le bon sildre, c'est mon mercure :
Je les mettrai dans mon fourneau
Tous purs comme ils sont de nature.

Y deussay-je employer mon bien,
Je ne vueil point d'aultre alchymie ;
Encore n'y perdray-je rien,
Car boire contente ma vie.

O quintessence du pommier !
Se tousiours j'en beuvoye de telle,
Seroit-ce subject pour jugier
Qu'il me faut mettre en curatelle !

Sur la vigne, il dit :

Que Noé fust ung patriarche digne !
Car ce fust luy qui nous planta la vigne,
Et beut premier le jus de son raisin.
O le bon vin !

Puisque Noé, ung si sainct personnage,
De boire byen nous a apprins l'uzaige,
Je boiray tout ; fay comme moi, voisin.
O le bon vin !

Le siège de Vire lui inspira les trois couplets suivants :

Tout à l'entour de nos remparts,
Nos ennemis sont en furie :
Sauvez nos tonneaux, je vous prie !
Prenez plus tôt de nous, soudards,
Tout ce dont vous avez envie :
Sauvez nos tonneaux, je vous prie !

Nous pourrons après, en beuvant,
Chasser notre mélancolie ;
Sauvez nos tonneaux, je vous prie !
L'ennemi qui est ci-devant
Ne nous veut faire courtoisie.
Vuidons nos tonneaux, je vous prie !

Au moins, s'il prend notre cité,
Qu'il n'y trouve plus que la lie :
Vuidons nos tonneaux, je vous prie !
Deussions-nous marcher de costé,
Ce bon sildre n'espargnons mie :
Vuidons nos tonneaux, je vous prie !

Une autre pièce, bien souvent citée, est celle qui a pour titre : *A mon nez*. En voici deux strophes :

Beau nez, dont les rubis ont cousté mainte pipe
De vin blanc et clairet,
Et duquel la couleur richement participe
Du rouge et du violet.

Gros nez ! qui te regarde à travers un grand verre
Te juge encor plus beau :
Tu ne ressembles point au nez de quelque hère
Qui ne boit que de l'eau.

Quand Olivier était malade, il ne voulait recevoir aucuns soins et disait alors :

Je ne trouve en ma médecine
Simple qui soit plus excellent,
Que la noble plante de la vigne
D'où le bon vin clairet provient.

Il n'y a chez l'apothicaire
De drogue que je prize mieulx,
Que ce bon vin qui me faict faire
Le sang bon et l'esprit joyeulx.

Qu'on ne m'apporte point de casse,
Et qu'on ne courre un médecin :
Du vin qu'on remplisse ma tasse,
Qui me vouldra rendre bien sain.

En mon récipé qu'on ordonne
Que je boirai vin d'Orléans ;
La recepte me sera bonne,
Les médecins honnêtes gens.

Mais s'ils m'ordonnent de l'eau doulce,
Ou la tisane simplement,
Sont gens qui veulent tout de course
Me faire morir pauvrement.

Deux stances extraites de son opinion sur *la Faute d'Adam :*

Adam (c'est chose trop notoire)
Ne nous eut mis en tel danger,
Si au lieu du fatal manger
Il se fut plutôt pris à boire.

L'œil regarde où le cœur aspire,
J'ay ung par trop œilladé.

Verre plein, s'il n'est tost vuidé,
Ce n'est pas un verre de vire.

Après la mort de Basselin, Jean Le Houx lui consacra le Vaudevire suivant :

De ce Virois conservons la mémoire
A tout le monde à la table en beuvant ;
Lequel ne beut jamais en rechignant
Et qui nous fait si joyeusement boire.
Une bonne boisson
Prise avec marisson
Par un saturnien
Ne lui fait point de bien.
Mais le vin honoré d'un gentil Vaudevire
N'apporte que santé en ne beuvant pire.

Plus est honeste un Vaudevire en table
Qui va loüant hautement le bon vin
Qu'en mal parlant dire de son voisin
Quelque propos qui n'est point véritable.
A faire des discours
D'impudiques amours,
Ou quelque autre devis
Que tiennent les amis

Quand ils sont assemblés pour folastrer et rire,
Il vaut bien mieux chanter en ne beuvant pire.

On peut bien boire et n'estre point yvrogne,
On peut chanter aussi sans estre fol;
On prise tant le chant du rossignol?
Mais ces chansons qui font rougir la trongne,
Par le vin savoureux,
Valent mille fois mieux.
Beuvons chacun sa fois
Pour l'amour du Virois
Qui a fait ses chansons : l'on n'en deust pas médire,
Ce fut un bon garçon qui ne beut pas du pire.

Pendant que la France était aux prises avec l'Angleterre, le même poète disait encore du chansonnier :

Si nos malheurs bientôt ne prennent fin,
Tristes malheurs qui travaillent la France,
J'ay peur, Olivier Basselin,
Qu'on ne te mette en oubliance.

Las! Basselin, avecques le bon temps
Que tu auois faisant tes Vaudevires,

S'en sont allez les bonnes gens
Lesquels les sçauoient si bien dire.

Sur le bon vin si les voulons chanter,
L'usurier tance et l'avare en murmure,
Disant que nous irons quester
Et rechignez nous font injure.

Joyeux buveurs, de vous je fais grand cas :
Jamais n'aurès les âmes si méchantes
Que ces vilains qui n'osent pas
Boire pour accroître leurs rentes.

Sous le beau soleil de France on a toujours chanté et on boira toujours.

Tout, dit Beaumarchais, finit par des chansons, et Chateaubriand prétend que l'homme chante avant d'écrire.

Le Français glorifie ses défaites, comme il chante ses misères, de même qu'il boit à sa prospérité et à ses victoires...

Il faut boire, a dit l'aimable vieillard de Téos :

Et de la terre rafraîchie
La terre boit les eaux des cieux ;

L'arbre boit le suc précieux,
Et prend une nouvelle vie.

L'eau boit l'air du gouffre profond ;
A l'envi le soleil s'enivre;
Sans boire les feux d'Apollon
Phébé même ne saurait vivre.

Laissez-moi boire nuit et jour;
Tout boit dans la nature entière.
Aussi, quand je bois à mon tour,
Pourquoi me faites-vous la guerre?

Le dernier toast accordé au premier chansonnier des buveurs fut celui de Jean Le Houx, et je le retrace fidèlement :

Ça nous allons, Olivier Basselin,
Nos verres pleins, vuider en ta mémoire,
Puisque bon nous trouvons ce vin,
Hault, hault le bras, il faut tout boire!

PARIS. — IMPRIMERIE CHARLES BLOT, RUE BLEUE, 7.

www.ingramcontent.com/pod-product-compliance
Ingram Content Group UK Ltd.
Pitfield, Milton Keynes, MK11 3LW, UK
UKHW020541180726
13839UKWH00006B/2651